대치동 시스템 빠개기

대치동 시스템 빠개기

입시가 아니라 공부를 목표로
어느 동네 엄마의 18년 양육 기록
| 권혜란

사자출판

차례

9p. 0. 엄마라는 이름

15p. 관계
_ 아이와 어떤 관계를 맺을 것인가

25p. 습관
_ 세 살 버릇 여든까지 간다

35p. 국어
_ 삶의 바탕

45p. 영어
_ 영유는 아니야

55p. 수학
_ 선행학습 시키지 않겠어

65p. 학원
_ 공부와 학원은 등식이 아니야

77p. 매체
_ 무엇을 보여줄 것인가

87p. 선택
_ 인생은 선택으로 이루어져 있단다

97p. 목적
_ 자립과 시민

0. 엄마라는 이름

2006년 시월쯤이었을까? 병원 복도를 걸어가고 있는데 누가 "조권 어머니!"하고 불렀다. 나를 부르는지 몰랐다. 서너 번을 듣고 나서야 '아! 내가 조권 엄마지' 하는 생각이 들어 뒤돌아봤다. 아이의 담당 의사 선생님께서 검사 결과를 빨리 알려주려고 지나는 길에 불렀다. 아이가 태어난 지 백일이 지나 많이 아파서 병원에 입원했을 때였는데, 그때 "엄마"라는 단어가 내 마음속에 콕하고 박혔다. 사람들을 부르는 백일 잔치 하고 싶지 않았는데 시가의 의견을 따를 수밖에 없었던 상황에 너무 작은 아이가 아파서 뜨겁게 우는 모습까지 마음이 무너져 내리고 있을 때였는데, 엄마라고 누군가가 부르는 소리에 정신을 차렸다.

5kg도 안되는 작은 생명체의 온 우주는 나잖아. 엄마는 그런 존재였다. 결혼 후에 남편을 따라 도시를 옮겼던 나는 일을

그만두었고, 출산하면서 전형적으로 자연스럽게 엄마인 나는 주 양육자로, 아빠는 생계 부양자로 꾸려졌다. 그러니 엄마인 나는 지금 이 생명의 모든 것이야.

인간의 성장은 참 더디다. 태어나 일 년은 지나야 겨우 걸음을 뗄 수 있고, 두 해는 흘러야 문장을 말하고, 서너 살이 되면서 자기를 알기 시작한다. 정신분석학적 관점에서 인간의 정서는 출생 후 3년 안에 70%가 완성된다고 읽었다. 출생 후 3년은 아이가 주 양육자에게 거의 모든 것을 의지하는 시기이고 이때 형성된 정서가 인간의 바탕에 흐르고 있다니 아이에게 쥐어짜서라도 사랑을 채워주어야 했다. 출생 후 3년 동안 인간이 주 양육자와 어떤 환경과 상황에서 자라면 좋을까. 누구든 그렇게 말할 거다. 사랑이 넘치는 여유롭고 안정적인 환경이라고. 이건 어디에서 오는 걸까.

내 나이 두 살일 적에 아빠가 죽었고, 청상과부가 된 엄마 앞에 아이였던 나의 원초적인 불안과 상실감, 허무를 이해할 수 있었다. 이를 자식에게 무의식적으로 물려주는 대물림, 악순환을 막으려면 엄마라는 이름의 공부가 필요했다. 물론 내 아이가 처한 환경은 다르다. 시대가 변했고, 사람도 달라졌다. 하지만 『몸에 밴 어린 시절』이라는 책 제목에서도 직관적으로 알 수 있듯이 정서는 몸에 밴 것이라, 무의식적인 감정과 반응은 공기 중에 흐르는 것과 비슷하다고 한다. 내 감정 상태와 반응 방법 등을 인식하는 것과 아이의 발달 시기에 따라 어떻게 양육해야 할지 등 공부는 끝도 없다.

출생 후 3년, 주 양육자에게 모든 것

을 내맡길 수밖에 없는 인간은 점점 자신을 찾는다. 만 18세 성인이 되는 그날까지. 당연히 그때가 마침은 아니지만. 그렇다면 주양육자는 이 아이에게 모든 것이다가 점점 작아진다. 이 생명은 결코 나와 다른 인격, 타인임을 잊지 말아야 한다. 그러니 인간의 성장은 진짜 참 더디다. 엄마라는 역할에서뿐만 아니라 한 인간으로서 나도 계속 성장해야 하니까.

관계

아이와 어떤 관계를 맺을 것인가

2024년, 아이가 고3이어서 '고삼엄마'로 학교에 상담하러 갔다. 담임 선생님께서 상담 시작 전에 보여드리고 싶은 게 있다시며 한 장의 종이를 내밀었다. 학기 초에 학생이 직접 작성하는 신상명세서 같은 내용이었는데 그 중 '스트레스를 어떻게 푸는가?'라는 문항에 적은 답이 '가족과 함께 있을 때 재밌고 즐겁고 힐링이 됩니다'.

열여덟 살 남학생이 이런 답을 쓴 걸 본 적이 없다며 선생님께서 감탄을 전해주셨다. 살짝 울컥, 이것이 진짜 진한 감동이었다. 대학 입학 수시 원서 6개를 어디에 어떻게 넣을까에 있어서 큰 고민 없이 목표한 바대로 쓸 수 있음은 감사한 일이지만, 그것보다 이 아이가 가족과의 시간을 회복으로 여기고 있다는 점이 무척 기쁘고 뿌듯했다. 약간은 엄마로서 열여덟 해의 시간을 보상받는 느낌까지 들었다.

엄마로서 자녀를 양육하고 교육하며 가장 첫 번째, 제일 앞에 두었던 것은 아이와의 관계였다. 어떠한 가르침이든 사이가 좋아야 최대한 효과를 낼 수 있다! 최대한 효과를 내기 위함도 중요하지만 내게 맡겨진 선물 같은 아이와 친한 사이가 되고 싶었다.

'내 새끼'는 자식이지만 나와 다른 인간이다. 자식이라고 해서 동일시하거나 소유물로 여기면 안 되며 아기 시절부터 하나의 인격으로 존중해야 한다는 건 수많은 양육서가 공통으로 말하고 있는 바다. '애가 뭘 알아?'라는 식의 말을 경계했다. 밥 먹을 시간과 공간을 지키고 아무 데서나 기저귀를 갈지 않는 것부터 시작해서 아기 말이 아닌 일상의 언어로 대화하고자 노력했다.
하지만, 이 사람은 '내 새끼'이기도 하

다. 아이가 해달라는 대로 해주며 무조건 허용적인 것이 당연히 좋을 리 없다. 해야 할 일과 하지 말아야 할 일을 가르치는 것도 나의 의무이기 때문에 훈육은 필수적이다. 한 번 안 된다고 한 일은 끝까지 아니었다. 아이가 울고불고 떼쓴다고 안 된다고 한 일을 되게 해주면 아이는 자신의 방법이 통한다고 생각할 거다. 그러면 아이는 계속 울고불고 떼를 쓸 것이다. 양육자의 일관성, 이 또한 많은 양육서에서 강조하는 바다. 아이의 말에 바로바로 반응하지 말고, 벌컥 안 된다고 하기 전에 생각해 보자, 라며 생각할 시간을 갖는 것이 필요하다.

그리고 아이와 한 약속은 작은 것이라도 꼭 지키기. 어떤 순간을 모면하기 위해서 한 약속이라도 뱉은 말이라면 지켜야 한다. 양육자에 대한 신뢰가 여기에서 쌓일 테니까 말이다. 우리도 누군가가 충조평판

(충고 조언 평가 판단) 할 때, 신뢰가 없으면 떠오르는 생각이 '너나 잘하세요' 아닌가. 그러니 양육자가 먼저 그러한 삶을 살아야 하는 것 같다. 아이에게 책 좀 봐라, 라고 얘기하면서 자신이 계속 스마트폰을 들여다보고 있다면 그 말이 먹힐까?

사실 자녀는 부모의 약점을 가장 많이 아는 사람일 거다. 사회적 가면이 없는 곳에서 상대적 약자인 자식에게 거리낌 없이 자신을 드러내면 친한 사이는커녕 원한이 쌓일지도 모른다. 아이 앞에서 더 조심하는 인생을 살아야 하는 건, 내가 더 나은 인간이 되어가는 하나의 길이지 않을까.

서로의 관계는 살아있는 것이어서 변화는 당연하다. 변화를 받아늘이시 않고 상대를 존중하지 않는, 의무만 남은 관계는 서로를 해칠 수도 있다. 아이가 커 가면서 나

뉘야 할 바는 달라질 것이다. 성인이 된 자녀와 부모-자식이라는 관계의 이름을 넘어선 좋은 친구로 남으려면 어떤 노력을 해야 할까, 새로 시작된 과제다.

내가 좋아하는 것(들)

휴대폰 사진첩에 하늘 사진이 가득하다.
하늘을 올려다 보는 것은 쉼이고 위로,
그 어떤 날도 같은 하늘이 없다.

습관

세 살 버릇 여든까지 간다

나쁜 버릇은 고치기 어려우니 처음부터 버릇을 잘 들여야 한다는 속담은 어린 시절의 습관이 평생에 걸쳐 영향을 미칠 수 있음을 강조하는 말이다. 모든 경우가 그렇지 않으며 환경이나 노력에 따라 당연히 변할 수 있다. 인간은 그러한 힘이 있는 존재다. 하지만 어린 시절에 좋은 습관을 익혀 놓으면 인생이 조금 더 수월할 수 있음도 사실이다. 일상의 루틴은 삶을 구조화하며 돌아갈 곳을 만드는 일이기 때문이다.

먹고 싸고 자는 일이 전부이던 아기에서 자라면서 발달 과정에 따라 습관을 만들었다. 일어나자마자 화장실 다녀와 물 한 잔 마시기, 아침 식사를 꼭 하고 양치하고 세수하고 등교하기, 일과를 마친 후에 집에 들어오자마자 깨끗이 씻고 옷을 갈아입기, 자기 전에는 양치하고 화장실에 다녀와 손발을 씻고 잠자리에 들기 등등, 습관을 들이기 위해서 어떤 건 노래를 만들어 부르기도 했다. 십 대에도 그 음정을 흥얼거리는 아이를 볼 때 어찌나 귀엽던지…! 좋은 생활 습관은 인생의 태도가 된다. 자기 자신을 잘 돌볼 줄 아는 사람이 인생의 내용을 만들어갈 힘을 가진다.

'음미체', 음악과 미술과 체육. 교육과정에 있어서 학교에서 일주일에 한두 번 집어넣는 과목으로 한국에서는 그리 중요하지 않게 여기는 것 같다. 그러나 인생에 있어서 '음미체'는 아주 중요하다. 우리의 삶을 풍요롭게 해주는 것이니 말이다. 아이가 '음미체'를 누릴 수 있는 사람으로 자랐으면 좋겠다는 바람으로 같이 열심히 잘 놀았다. 노래를 듣고 부르고 자유롭게 뭐든지 그리면서 표현하고 신체를 움직이는 활동이 유아기와 아동기를 차지해야 한다. 그래서 어린이집을 보낼 때는 작은 동산이 가깝고 놀이터가 넓으며 도시에서 숲으로 나가는 보육 기관을 골랐다. 취학 전에는 유치원이 아니라 유아체능단을 보냈다. 여러 신체 활동을 골고루 할 수 있다는 점이 좋았다. 오후에는 피아노학원 한 시간, 미술학원에서 한 시간을 보내는 일과를 구성하여 균형을 맞췄다.

지금 피아노를 쳐 보라면 그 친구는 피아노를 칠 수 있을까? 근데 칠 일도 없고 지금 칠 수 있다니 없다니 중요하지 않은 것 같다. 피아노 치는 것을 배우는 과정에서 손가락을 사용하는 힘을 키울 수 있고 (공부는 손가락과 엉덩이로 하고요.) 똑같은 것을 반복하는 힘도 기를 수 있고 (공부야말로 반복 학습.) 음악을 들을 수 있는 귀도 열릴 수 있을 거다.

또한 자신을 표현하기 위해 무언가를 구성해 보는 미술 활동은 안정된 정서를 이루는 데 도움이 될 것이다. 공교육에 '음미체' 관련 활동이 적은 건 아쉬운 점이다. 그래서 초등학교와 중학교 때까지 '음미체' 사교육을 시켰고 동네 청소년수련관에서 운영하는 프로그램도 이용했다.

'자기주도학습'의 토대는 안정된 정서와 좋은 생활 습관이다. 유아기와 아동기에 형성된 정서와 습관은 아이가 스스로 공부할 수 있는 능력을 기를 수 있는 중요한 변수인 것 같다. 자신의 몸과 마음을 스스로 조정하고 통제하는 힘이 없어, 그것을 배우고 익히기 위해서 어미란 인간이 오랜 시간 힘들었기에 자식을 키우며 가르치고 싶었다. 근데 사실 이건 어쩌면 평생동안 배우고 익혀야 할 일인지도 모르겠다.

세 살 버릇이 여든까지 가서 자유를 주는 습관을 따라 자신의 삶을 꾸려갈 수 있기를 바라므로.

내가 좋아하는 것(들)

집안일은 하지 않으면 티가 난다,
마이너스를 0 으로 돌리면 다시 마이너스.
끝없는 반복의 가사노동이지만
청소는 마음의 안정을 가져다줘,
이건 빛을 되살리는 본질적 활동일지도 몰라.

국어

삶의 바탕

국어사전에 따르면 양육은 아이를 보살펴서 자라게 함이고 교육은 사회생활에 필요한 지식이나 기술 및 바람직한 인성과 체력을 갖도록 가르치는 조직적이고 체계적인 활동이다. 마음을 기울여 여러모로 돌보고 어떤 지식을 알도록 깨닫거나 익히게 하는 일을 같이 해야 하는 건 양육자인 엄마로서 참 쉽지 않은 일이다. 교육은 기관에서 하는 일이지만 교육기관과 함께 양육자가 주체가 되어야 하는 일이기도 하다. 그렇다고 양육자가 교육기관에 이래라저래라 관여할 수는 없다. 교육기관의 주체성을 존중하고 신뢰할 때 양육자의 존재도 인정받을 수 있는 거 아닐까. 요즘 어린이집과 초등학교 선생님들에게 쏟아진다는 민원 폭탄을 보면 참 안타깝다.

아무튼 양육과 교육이 함께 이뤄질 수 있는 활동으로 으뜸은 독서다. 책은 거의 만병통치약이 아닐까 싶기도 하지만…….

　아이가 뱃속에 있을 때부터 책을 읽어주라고 하는데 내 책 읽느라 그러진 못했고, 태어나서부터 시작. 누워만 있는 아가에게도 읽어줬고, 발걸음을 떼며 책을 집는 아이에게도 읽어줬고, 침대에 누워서 자기 전 3권이 필수였던 어린 시절 내내 책을 읽어줬다. 어떤 그림책은 찢어질 만큼 수십 번을 읽은 책도 있다. 목이 아파 이제는 네가 직접 읽으면 안 되겠니? 그럴 때도 있었지만 열 살까지 취침 전에 책을 읽어주는 건 지속하고자 노력했다. 양육자의 목소리로 책을 읽어주며 말을 건네고 상호작용을 통해 감정을 교류하는 건 우리의 사이가 좋아지는 길이 아니었을까.

　책은 여러모로 유용한 도구다. 정서의 안정은 물론 아이의 언어 습득도 **빠를** 수밖에 없다. 다양한 어휘력을 구사할 수 있고 창조적인 상상력을 발휘하고 자기 생각이나 느낌을 표현할 수 있는 능력도 기를 수 있다. 타인과의 소통과 관계성도 고려하는 사람으로 자라도록 돕는다. 전인적 교육, 지성과 감정과 의지의 균형 있는 발달에 적절한 수단이 바로 책읽기다.

    이렇게 책을 읽는 아이가 공부를 못할 수 있을까? 어쩌면 시험을 못 볼 순 있을 거다. 공부를 잘하는 것과 시험을 잘 치는 건 좀 다르니까. 하지만 결국 공부를 잘하면 시험도 잘 칠 수 있는 길을 찾기 마련이다. 근데 시험을 좀 못 보고 공부를 좀 못한다고 해서 무슨 문제인가. 아이가 올바른 생각으로 자기 자신을 사랑하고 본인이 좋아하고 잘하는 일을 찾아 업으로 삼고 타인과 함께 살아갈 줄 아는 어른으로 자란다면 그까짓 성적은 대수도 아니다.

줄 세우기가 심각한 사회에서 성적이나 등수를 대수로 여기지 않는 양육자의 태도가 무엇보다 중요한 것 같다. 그래서 결과에 보상하지 않았다. 1등을 하면 혹은 100점을 맞으면 무얼 해줄게, 라는 식은 아이가 결과에 집착하게 만들 수 있다. 그것보다는 100점을 맞기 위해서 해야 할 일, 예를 들면 매일 삼십 분씩 복습을 하고 그것을 석 달 동안 해 냈다면 무얼 해주는 것이다. 꼭 보상이 필요한가? 싶을 수도 있지만 양육에 있어서 거래와 당근은 동기부여가 되기도 한다. 결과가 아니라 과정에 보상해주는 것이야말로 과정에 의미가 있음을 아이에게 가르치는 일일 테다.

책을 읽은 후에는 쓰는 시간을 만들어줬다. "책 친구책" 이름의 공책을 만들어 일주일에 한 번 이상 한 권의 책을 간단히

줄이고 느낌을 적는다. 쉽게 독서록이다. 온갖 회유와 협박을 통하여 지속했지만 이건 아주 중요한 훈련이라고 생각한다. 꾸준하고 지속적인 책 읽기를 통한 독서 실력은 공부의 본질이다. 독서 실력은 국어 교과목의 바탕이고, 이는 다른 과목의 읽기로 연결되어 모든 과목을 어느 정도 따라오게 만든다. 공부의 기초는 읽고 쓰는 능력, 어떤 텍스트를 읽고 해석하고 자신의 말로 풀어 쓰는 공부의 힘은 우리 인생의 든든한 버팀목이 되지 않을까.

내가 좋아하는 것(들)

인공지능 시대에 좋은 질문을 하는 능력은
필수다. 좋은 질문은 더 많은 사유에서 나온다.
생각하는 힘을 기르기 위하여 책을 읽자.
그러니 우선 책을 사자.

영어

영유는 아니야

영어는 중요하다. 세상에 많은 정보가 영어로 유통된다. 그러니 영어를 할 수 있다는 건 그 정보에 접근할 수 있는 통로의 확보다. 그런데, 그래서, 그러므로, 영어를 가르치기 위해 영어 유치원을 보내야 한다는 건 잘못된 결론이 아닐까. 양육자가 이중 언어 사용(bilingual)을 할 수 없다면 어쨌든 영어는 외국어, 다른 나라의 말이다. 모국어를 잘 못 하는 데 외국어를 잘할 수 있을까? 이런 비판이 일어 모국어가 먼저 자리를 잡은 후에 외국어를 배워야 한다니까 수년 전부터 영어 유치원을 보내기 위해서 태어나자마자 국어교육을 시작한다는 이야기를 들었다. 하긴 뱃속에 있을 때 엄마에게 아이의 수학 머리를 위해 『수학의 정석』을 풀라고 했다는 대치동 이야기도 있었지.

대치동. 정말이지 한국에서 대치동이

란 무엇인가. 대치동은 한국 교육과 입시의 메카이자 정답으로 통하며 사람들의 동경과 숭배의 대상이 된 것 같다. '사교육걱정없는세상'이라는 시민사회 단체가 십수 년이 넘게 일하고, 많은 학자와 소아정신과 의사들이 그 방식을 지적하고 비판해도, 소위 '대치동 시스템'은 흔들리지 않더라. 대치동 학원가의 이야기들은 정설처럼 굳어져 학원 정보를 얻는 것이 양육의 방식이 되었다. 과연 그것이 맞나?

아이의 유아기 시절에 영어에 대한 노출은 여러 매체를 활용했다. 그 시절에 있었던 DVD로 애니메이션을 보여줬다. 20분 정도의 같은 애니메이션을 거의 매일 봤던 것 같다. (스크린 타임 -하루에 삼십 분 정도 화면을 볼 수 있는 시간- 을 이용) 같은 애니메이션을 보여준 것은 불필요한 자극을 줄이고 들리는 말을 외우게 할 수 있기 때문이다. 그리고 '노부영잉글리쉬'라는 영어 동요를 들으며 같이 불렀다. 영어 유치원을 보내려는 6~7세 시기는 모국어가 듣고 말하는 걸 넘어서 읽기와 쓰기로 확대를 시작하는 중요한 때라고 생각한다. 이때 영어를 말하게 한다는 이유로 글을 읽는 즐거움을 느끼지 못한 채 제대로 읽을 수 있는 능력을 키우지 못하면 아이의 문해력은 공부하는 내내 고생할 수도 있다. 문해력은 수능의 영어 지문까지 이어지는 능력이다. 아니, 사실 인생 내내 필요한 바이다. 요즘 영어 유치원비가 200만 원은 넘는다고 하던데 24개월이면 사천팔백. 그 돈으로 열 살쯤 외국에 나가 일 년 정도 영어를 사용하는 학교를 보내는 게 나을지도 모른다.

우리 가족은 해외로 이주할 기회가 생

겨서, 아이가 초등학교 1학년 2학기부터 3학년 1학기까지, 2년 동안 바르셀로나에 있는 학교에 다녔고, 영어와 스페인어로 수업을 받았다. 언어 습득의 측면에서 시기적으로 아주 좋았다고 생각한다. 모국어의 읽기와 쓰기가 자리를 잡힌 후에 외국어를 받아들일 수 있었다.

아이가 그곳에서 처음 학교에 간 날, 아침 9시에 갔다가 오후 5시에 하교하는데 그날 밤 자기 전에 얼마나 울었는지 모른다. 아이가 대성통곡을 하며 학교를 다 부숴버리고 싶어, 발로 차 버릴 거야, 싫다고, 큰 소리로 엉엉 우는 아이를 업고 그랬구나, 우리 조권 힘들었구나, 얼마나 힘들었어, 아이의 괴로운 감정을 그대로 받아주었다. 두어 시간 울다가 지쳐서 잠들었고 다음 날 아침에는 아무 일 없다는 듯 일어나 씩씩하게 학교 갔고 그런 일은 다시 없었다. 두 달 정도 지나니 아이는 대충 알아듣는 듯싶었고 석 달 후에는 자연스럽게 말하기 시작했다.

한국에 돌아와 '리터니(returnee, 유학 후 다시 귀국한 학생)'로 습득한 언어는 잊어버리지 않으면서 한국 학교에 적응해야 하는 문제가 생겼다. 영어 학원은 6년 동안, 영국문화원에서 운영하는 영국 학교 수업 방식의 어학원에 다녔다. 초등학교 때는 영어와 스페인어로 된 책을 읽을 수 있도록 깔아 두고, 6학년 때부터는 테드 15분 영상을 영어로 듣고 한 장으로 요약 정리하는 숙제를 내주었다. 일주일에 하나씩, 두 개를 쓰면 용돈을 올려주고, 듣는 건 영어로, 쓰는 건 국문이든 영문이든. 교과목으로서가 아니라 언어로서 영어를 접할 수 있게 했다. 단어와 독해는 중학교부터 매일의 숙제로 차근차근 쌓아가며 자기주도학습의 습관을 들였다.

내가 좋아하는 것(들)

어느 날 아침 카페라떼 한 잔,
인생의 소중한 즐거움.

수학

선행학습 시키지 않겠어

선행 학습이란 말 그대로 새로운 지식을 배우기 전에 시간상으로 앞서 배우는 걸 말한다. 미리 배워 남들보다 빨리 더 많이 알고자 하는 욕망에서 시작되었을 것이다. 최근(2025년 8월) 국가인권위원회가 교육부 장관에게 이른바 7세 고시 등 극단적 형태의 조기 사교육을 해소할 방안을 마련할 필요가 있다는 의견을 표명했다. 7세 고시라니… 7세와 고시가 옆에 붙어 존재하는 단어라니 말도 안 된다. 선행 학습이 조금 더 빨리 시작하자 조금 더 빨리하다가 이제 초등학교 입학 전에 유명 초등 수학과 영어 학원에 들어가기 위해 치르는 시험에 이르렀다니 소위 저 '대치동 시스템'은 어떤 구렁텅이인가 싶다.

아이를 키우기 위해 여러 양육서와 심리학과 정신분석에 관한 책까지 읽으면서 다짐한 내용 중 하나가 선행학습은 시키지 않겠다이다. 우리의 오은영 선생님도 말씀하셨다! 선행학습은 적절하지 않으며 적기교육이 중요하다고. 십 년 전에도 7세 고시까지 등장하진 않았지만, 초등학교 때 중학교 수학 진도를 빼고 중학교에서는 고등학교 수학 진도를 빼는 수준은 대치동이 아니더라도 보통의 학원에서 운영하는 방식이었다. 대치동은 초등학교 때 고등수학까지 진도를 뺀다고 했었고…….

근데 가만히 생각해 보면 학원 시스템은 선행으로 이뤄질 수밖에 없다. 선행은 무언가 나아가는 것처럼 보이게 만들면서 뒤떨어질 수도 있다는 불안을 조성하여 아이를 학원에 계속 묶어둘 수 있으니까 말이다. 왜 내 아이의 교육을 아무 의심 없이 학원 시스템에 맡겨두고 따르는지 이해되지 않는다. 원장님과 상담실장님 이야기에는 그렇게나 귀를 기울이면서 교육과 아동 심리 관련 전문가들의 견해는 도대체 왜 귓등으로 듣는 걸까 궁금할 지경이었다. 학생들은 선행으로 미리 학습하면 본인이 안다고 느껴서 학교 수업에 집중하지 않을 수 있다. 이건 아주 좋지 못한 태도다. 점수 몇 점 더 얻겠다고 어쩌면 가장 중요한 걸 잃어버리게 될지도 모른다.

아이는 공교육 정규 교과과정에 따른 학교 수업을 충실히 이수했다. 선행학습이나 예습도 없이 중학교에 입학했다. 중학교 1학년 때 자유학년제라 시험이 없었고 단원평가가 있었는데 수학 단원 평가 시험에서 45점을 받아 아이도 엄마도 대충격. 사실 중학교 수학은 확실히 어려워지는 면이 있다. 초등학교와는 분명 달라진다. 학교 수업만으로 그 개념과 내용을 이해하기가 무리였던 것 같다. 한 학기 예습은 시켜야 했는데… 후회하면 뭐 해. 지금부터 하면 되지. 수학 복습에 들어갔다. 문제 수준을 보고 문제집을 골라주며 점점 어려운 단계로 2~3권 정도 풀었다. 방학 때 그다음 학기 수업은 인터넷강의로 예습하고, 학교 수업은 집중해서 듣도록 하고 (학교 수업은 아무리 강조해도 모자람이 없다!) 수업 이후 복습은 그날 바로 한번, 수학은 매일 복습, 시험 때 다시 한번, 복습을 철저히 할 수 있도록 도와줬다.

중학교 3학년 여름방학부터 겨울방학까지 동네 수학 학원에 다녔다. 어려운 수학 문제를 풀어보고 고등학교 수학 1을 예습하기 위함이었다. 외고에 입학했는데, 이후에는 학교 수업과 함께 혼자 공부했다. 고등학교 내내 수학 때문에 아이가 힘들어하긴 했다. 선행 학습을 했으면 힘들어하지 않았을까? 그렇지 않다고 생각한다. 변별력을 높이기 위해서 문제가 매우 어렵기에, 학교의 수학 평균은 50점대였다. 간당간당 평균 점수를 받은 아이에게 칭찬을 퍼부었다. 아이는 고1 때 수학 내신 7등급에서 고3 마지막 시험은 내신 3등급으로 마쳤다. 성장하는 모습에 본인도 뿌듯했을 거다. 이런 성취감이야말로 인생에 얼마나 큰 자산인가.

내가 좋아하는 것(들)

2019년부터 운동으로 달리기하고 있다.
느낌으로 매일 뛴 것 같은 시절에도
러닝 앱을 보면 일주일에 세 번 정도 뛰었다.
사실과 감정에 이러한 차이가 있더라.
'매일'을 다짐했는데 작심삼일이 되었다면,
계속 다시 작심삼일을 반복,
그러면 매일이 될 거야.

학원

공부와 학원은 등식이 아니야

"넌 왜 학원도 안 다니면서 시험을 잘 봐?" 아이가 중학생일 때 친구가 물어봤다고 한다. 본인도 의아한 듯이 이 이야기를 해줬다. "권아, 넌 학원을 안 다니지만, 공부를 안 하는 건 아니잖아? 학교에서 수업 시간에 집중하여 잘 듣고 스스로 해 보고 귀가 후에 복습하고, 매일 국·영·수 과제를 하잖아. 그리고 시험 전에는 몇 주의 계획표를 짜서 다시 복습하며 공부하니까… 그렇지."

요즘 아이들은 '학원에 가는 일'이 '공부를 하는 것'이라고 여기는 경향이 있는 것 같다. 어렸을 때부터 학원 시스템에 익숙해져서 그런 걸까. 두 사실은 서로 관련이 있을 순 있지만, 근본적으로 같지 않다. 학원에 가는 일은 공부가 아니다. 나의 공부에 도움을 받기 위함이다. 공부는 스스로 하는 것이어야 하기에, 과도한 학원과 선행 학습은 자기 스스로 주도적으로 학습하는 힘을 뺏을 수 있다. 초등학교 때는 선행으로 진도를 빼고 중학교와 고등학교에 진학하면 내신 준비, 학교 시험 맞춤형으로 대비해 준다는 학원의 광고가 많다. 그 학교의 문제 출제 방향에 맞게 맞춤형으로 시험을 대비한다는데, 공부는 시험만을 위한 것이 아니지 않은가. 또한 그 학교의 문제뿐만 아니라 어떤 문제를 만나도 해결할 수 있는 공부를 해야 하지 않나. 아니, 근데 학원에서 문제 풀이 기술을 반복적으로 훈련하여 익히는 것으로 시험을 잘 본다면 그걸로 땡인가?

대치동에 수능 대비로 이름난 학원이 있다. 여기는 몇십 년의 수능 기출 문제를 분석하여 수능에 최적화된 모의고사 콘텐츠를 제공하는 곳으로 알고 있다. 수능을 보기 전에 수능과 비슷한 수준의 문제를 많이 풀어보면 풀어볼수록 도움이 된다는 건 알겠다. 그러면 고3 때나 수능 백 일 전부터 이런 시험 훈련을 하는 것은 도움이 될 것이다. 하지만 이런 방식으로 수년을 유지한다면 아이의 마음과 영혼은 어떻게 될까?

공부와 학원이 등식이 아닌 것처럼, 성적이 좋은 것과 좋은 인생도 서로 같지 않다. 서울대를 나오면 인생의 많은 부분이 쉬워 보이긴 하더라. 근데 서울대를 나왔다고 해서 괜찮은 사람인 건 당연히 아니고 세상을 더 망쳐 놓는 인간들이 허다하다. 서연고-스카이라는 입시의 타이틀을 위해서 학원에 보내는 거라면 그 목표를 달성하지 못했을 때 학원에 들인 돈과 시간을 계산하면서 또다시 서로를 힘들게 할지도 모른다. 사교육과 학원이 무조건 필요 없다는 말이 아니다. 일하면서 아이를 키우는 부모로서 학원에 의지할 수밖에 없는 현실이 있기도 하고, 공교육 시스템에서 부족하거나 모자란 부분은 보충해야 할 수도 있다. 그리고 부모가 지향하는 교육 방향에 따라 필요한 내용을 추가할 수도 있을 거다. 다만 학원 시스템과 스케줄, 레벨테스트에 모두 다 맡기며 따라가는 건 정말 아닌 것 같다.

학원에 다니면 아이가 잠잘 시간도 없다. 학원에서 두 시간을 공부했으면, 돌아와 본인이 두 시간은 공부해야 자기 것이 될 것이다. 학원에서 공부한 내용을 소화할 시간이 필요하니 학원에서도 숙제를 내준다. 그러면 네 시간이 필요한데, 저녁은 언제 먹고 잠은 언제 자나 싶다. 아이는 중학교 때까지 밤 10시에 잤다. 학원에 다니지 않았기에 가능한 일이었다. 학원보다 중요한 것은 잠이다. 잠을 잘 자면 인지 기능과 기억력 향상, 안정적 정서에 도움이 된다는 연구 결과도 많이 나와 있다. 학교 다녀와 씻고 쉬고, 그날의 학습 내용과 매일 하는 국영수 과제를 하다가 저녁 먹고 마무리하면 잘 시간이다. 아이가 고등학교 때 기숙사 생활에서 처음에 힘들었던 점이 줄어든 취침 시간이었다. 고등학교 때 학원에 다니지 않았으므로 학교에서 시행하는 야간자율학습을 10시까지, 기숙사로 돌아와 12시까지 기숙사 자율학습으로 공부했다.

기본 개념을 이해하고 적용하는 능력, 주어진 상황에 따라 문제를 추리하고 해결하는 능력, 문제를 분석하고 탐구하는 사고 능력, 어떤 지문을 만나든 읽을 수 있는 문해력, 등 교육 과정에서 배우고 스스로 익히는 자기 주도 학습. 이건 학원에서 만들어줄 수 있는 것이 아니다. 고등학교 때는 인터넷 강의와 문제집도 거의 스스로 선택했기 때문에 공부에 관해서는 엄마로서 손댈 일이 거의 없었다.

무엇보다 아이의 마음과 정신을 돌봐주는 것에 신경을 많이 썼다. 등급을 나눠야만 하는 고등학교 시절은 1, 2점 점수 차이에 등수가 정해지므로 아이들도 스트레스가 많다. 친구지만 경쟁자인 서로의 관계가 얼마나 힘들겠는가. 등급과 점수에 연연해하지 않고 자신의 공부를 할 수 있도록 아이를 격려할 수 있는 부모와 자식의 관계가 중요하다.

입시에 있어서는 전략이 좀 필요한 것 같다. 대학 입시를 치러 낼 생활기록부 작성과 등급에 맞춘 대학교와 학과 정보 때문에 학원 컨설팅을 찾는 걸로 알고 있는데, 과연 얼마나 도움이 될지 미지수다. 예측할 수 없기에 불안 마케팅이 더 효과를 보이는 것 같긴 하지만…. 부모나 학원에서 활동 내용을 대신 써주기도 한다는데 그것은 속임수 아닌가.

아이는 디자인 공부를 하기 원했지만, 입시 미술을 시키진 않았다. 디자인은 어떤 기술을 배우기보다는 자유롭고 창의적인 생각과 논리적인 사고가 중요한 분야라 생각하니 '입시 미술'이라는 이름으로 획일화된 계획을 따를 필요가 없다고 여겼다. 순수 미술이 아니기에 비실기 대입 전형도 있었다. 고등학교에서 스페인어를 전공했으므로 '스페인'과 '디자인'이라는 키워드로, 여러 체험, 발표, 독서 활동 등의 참고서적과 아이디어를 주면서, 이것이 생기부 작성에 반영되게 했다. 대입 수시 원서를 넣은 6개 모두 합격했고, 그 중 서울대 디자인과에 입학했다.

내가 좋아하는 것(들)

아이와 보러 가고 친구와 가기도 있지만
혼자 가면 마음에 고요한 기쁨이 충만하다.
단정하고 아름다운 장소를 걸으며
전시된 예술 작품을 보면서
새로운 생각을 열 수 있다.

매체

무엇을 보여줄 것인가

스마트폰 역사의 시대를 살았다. 삐삐로 고등학교 시절을 보내고 1998년에 016-으로 시작하는 휴대전화를 개통했다. 싸이월드로 인터넷에 내 세상을 꾸미던 이십 대를 지나고, 결혼하고 출산한 이후 2007년 스티브 잡스가 최초의 아이폰을 공개했더랬다. 이렇게 또다시 새로운 세상이 펼쳐졌다. 손안에 컴퓨터를 쥔 세상. 2010년, 디자인과 성능의 혁신기로 접어든 아이폰4부터 사용했다.

아이를 양육하며 가장 큰 고민은 이러한 세상에서 아이에게 무엇을 보여줄 것인가, 하는 문제다. 여러 책에서 영유아기 때 영상 매체에 노출하지 말라고 했다. 24개월까지 절대 금지, 이후 하루에 십 분에서 점차 늘려 삼십 분을 넘지 않고 한 시간 이상 줄곧 보여주면 안 된다고 권유한다. 이러한 목표를 백 퍼센트 따를 순 없었다. 하지만 방향은 지키기 위해 노력했다. 36개월이 될 때까지는 영상을 보여줘도 휴대전화나 태블릿 등의 기기가 아닌 텔레비전 화면으로 하나의 이야기를 보았다. 아이폰4를 쥔 엄마가 스마트폰을 들고 손가락을 움직이니 4세 아이는 처음 쥔 스마트폰에도 능숙하더라. 디지털 세상은 이제 아이들에게 공기와 같은데 그냥 이 흐름에 몸을 내맡기는 게 괜찮은 걸까.

아이에게 맡겨 버리거나 아이가 하는대로 내버려둘 수 없다. 휴대전화를 아이에게 사주는 시대였는데, 우리는 다짐했다. 고등학생이 되면 스마트폰을 사 줄게. 그전에는 아니야, 안 돼. 주변에 모든 아이가 스마트폰을 가지고 다녔다. 정말 날 그대로 모든 아이였다. 가끔 엄마에게 연락한다고 친구들의 전화기를 빌리길래 손목에 차는 키즈폰을 사 주었다. 초등학교 내내 키즈폰을 차고 다녔고, 중학교 때 그걸 차고 다니는 건 좀 부끄러울 테니 갤럭시워치로 개통해 줬다. 전교에서 단 한 명이었다. 엄마 나만 없어, 는 아이들의 단골멘트다. 거기에 흔들리거나 굴복(?)하지 않고! 한번 뱉은 말은 지켜야지.

그렇다고 아이가 디지털 기기 이용을 안 한 건 아니다. 그럴 수가 없는 세상. 카톡으로 연락할 일이 필요하다고 해서 집에 있는 미사용 휴대전화기에 카카오톡을 깔아줬다. 그 '공폰'은 집에서만 사용할 수 있었다. 그런데 애들끼리 뭔 그리 급한 연락을 할 게 있다고 스마트폰을 휴대해야 할까? 전화와 문자면 충분하다. 중학교 때 등교 시에 노래를 들어야 한다고 해서 음악을 파일로 내려받아 갤럭시워치에 넣어 줬다. 스트리밍 서비스 시대에 힘든 일이었지만 방법은 찾을 수 있다.

 아이들이 아침에 등교하면서도 스마트폰에 얼굴 처박고 게임을 하거나 영상을 보는 게 좋지 않으리라는 건 당연한 일 아닌가. 그 휴대전화가 집에 있어야 아이가 스마트폰으로 무엇을 보고 무엇을 하는지, 유튜브 시청 기록 등을 부모가 체크할 수 있다. 언제까지 확인해야 할까? 초등학교 때까지는 아이가 무엇을 보는지 누구와 어떤 대화를 주고받는지 체크해야 하지 않나 싶다. 이후 중학교, 고등학교 때 체크는 어려울 테니 대화로 알아봐야 하는데, 그 대화가 가능하게 하려면 부모와 자식의 관계가 중요할 수밖에 없다.

 학원 정보가 문제가 아니라 아이를 과보호해야 할 곳은 이제 디지털 세상이다.

그 세상에서 무엇을 보고 무엇을 읽고 듣는지 알아야 한다. 그리고 나 또한 그곳에서 무엇을 보고 읽고 들어 나를 구성하고 있는지 돌아봐야 할 테고.

내가 좋아하는 것(들)

모르는 현실을 알 수 있는
강력한 매체 중의 하나인
영화를 통해
타인을 읽으며 사유를 넓힌다.
나를 알 수 있는 길이 열리기도 한다.

선택

인생은 선택으로 이루어져 있단다

어떤 선택을 하느냐에 따라 삶의 모양이 만들어지는 것 같다. 아침 식사로 뭘 먹느냐부터 아이를 낳을까? 말까의 선택까지 인생은 수많은 선택으로 구성되었다. 선택할 수 없이 주어진 것도 있다. 내가 이 아이의 엄마인 건 이 아이의 관점에서 선택한 것이 아니니까. 하지만 주어진 상황과 환경에서도 우리는 선택이라는 걸 해야 한다.

양육자로서 아이를 키우며 아이에게 어떤 선택을 하게 할까. 발달 과정에 있는 아이이므로 그 나이에 따라서 할 수 있는 선택은 다르다. 두세 살의 아이에게 영상을 볼래? 안 볼래? 의 문제를 선택하게 할 수 없다. 씻을까 말까를 선택할 수도 없다. 씻는 것은 선택의 문제가 아니고, 선택할 수 있는 것은 예를 들면, 어떤 색깔의 샤워볼로 씻을까? 하는 정도일 것이다. 밥 먹을래? 싫어? 식의 질문도 아니다. 밥을 먹는 것은 당연하고 어떤 식기를 사용할래? 정도를 선택할 수 있겠다. 누워만 있던 아이가 걷고 뛰면서 의지가 생기고 자기가 무엇이든 선택하고 싶어 한다. 이건 인간의 자연스러운 욕구일 것이다. 한 인간으로서 존중받는 선택의 욕구를 충족시키면서 해야만 하는 일은 하도록 교육한다. 무엇이든 모든 걸 선택하게 할 수 없으므로 양육자는 나이에 맞춰 한계를 설정하고 해야 할 일은 하며 그 안에서 선택할 수 있도록, 아이를 보살펴 자라게 하는 일은 참 어려운 문제다.

이것은 엄마인 내게도 선택의 문제다. 아이를 존중하여 아이의 의견을 들어야 하지만 수용할 것과 그렇지 않은 걸 구분해야 한다. 아이의 선택을 존중하는 것. 내가 할 선택을 아이에게 미루지 않는 것. 그래서 나는 어떤 선택을 하여 무엇을 가르칠 것인가. 우는 아이를 달랜다고 스마트폰을 쥐여 줘 영상을 보여준다면, 그건 양육자의 선택이다. 제일 빨리 달랠 수 있는 방법이겠지만……. 아이가 좋아해서 해줬어요, 하지만 들여다 보면 그 또한 양육자의 욕구나 핑계일 수 있으므로 선택은 참 힘들고 피곤한 일이다. 그러나 어쩌겠는가, 그것이 인생인 것을. 어떤 선택을 하느냐에 따라서 삶의 모양이 달라지니까 우리는 열심히 고민하고 선택해야 한다.

전 국민의 정신건강 주치의 (ㅎㅎ) 우리의 오은영 선생님의 사진 밑에 '다 울었니? 이제 할 일을 하자'라는 글자가 달린 인터넷상의 짤이 있다. 아마도 감정과 행동을 분리하라는 말씀에서 시작되지 않았을까 싶다. '다 울었니?'의 말에는 울어야만 했던 그의 감정이 있다. 아이의 감정은 받아줘야 한다. 아이의 부정적인 감정은 빨리 치워버리고 싶다. 하지만 어떤 감정이든 감정에는 죄가 없다. 싫증 나고 서운하고 서럽고 불안하고 민망하고 불편한 감정은 그 자체로 표현할 수 있다. 양육자가 그 감정을 잘 받아들여 준다면 아이가 자신을 수용하는 데 밑거름이 될 것이다.

문제는 감정 이후에 행동이다. '이제 할 일을 하자'는 감정에 이어진, 감정으로 촉발된 행동이 아니라 해야 할 일을 하는 말이다. 밥 먹는 시간이면 밥을 먹고, 학교에 가든지, 씻든지, 등등 일상생활을 유지하는 행동을 해야 한다. 우리의 감성을 골라 뽑을 순 없지만 우리는 행동을 선택할 수 있다. 우리가 선택한 행동이 바로 나일 거다.

내가 좋아하는 것(들)

비행기를 타면
우리가 살던 세상이 작아진다.
일상의 공간을 벗어나
낯선 세상을 만날 때,
고정된 관념을 허물어뜨릴 수도 있다.

목적

자립과 시민

자녀를 어떻게 키우며 어떤 사람으로 자랐으면 좋겠다는 바람은 결국 부모의 자기 삶에 대한 해석에서 오는 것 같다. 아주 사소한 것에서부터 그렇다. 어렸을 때 부모님이 나이키 운동화를 사주지 않아 아쉬웠다면 아이에게 그걸 해준다. 학원에 다니고 싶었는데 형편상 다닐 수 없었다면 내 아이는 보내고자 할 것이다. 또한 부모가 가진 종교와 가치관은 양육에 있어서 큰 영향을 끼칠 수밖에 없다.

우리의 종교로 인해 아이는 태어나자마자 교회에 나갔다. 기독교적 세계관은 아이에게 스며들어 있을 것이다. 하지만 기독교적 세계관을 자신의 것으로 받아들일 것이냐 아니냐의 문제는 어느 순간 스스로 선택해야 할 것이다. 마음을 정하기 전에 분석하고 사유, 성찰하는 과정을 잘 치러낼 수 있기를 기도할 뿐. 자녀가 그러한 과정을 치러내야 하는 것처럼 나 또한 그러한 과정을 치러냈어야 한다. 우리는 모두 누군가의 자녀니까 말이다.

아이는 낳아 놓으면 그냥 크는 것도 아니고 밥만 먹이면 되는 세상도 아니다. 자기 부모로부터 받은 사랑이 온전하고 자신의 삶이 만족스럽다면, 아마 공부가 필요 없을지도 모른다. 그렇지 않다면 왜 그랬는지 돌아봐야 하고 어떤 길로 가야 할지 공부해야 한다. 양육서를 읽으며 '아니 근데, 나의 모친은 왜 여기서 하지 말라는 것만 하셨던가…' 생각한 적이 있다. 시대의 이유가 있고 그녀가 그럴 수밖에 없었던 상황도 있을 것이다.

하지만 지금 중요한 건 나는 어떤 양육을 할지다. 내가 받은 걸 그대로 물려주거나 아니면 받지 못한 걸 주려고 하는 식은 좋은 방향이 아닐 테니까 말이다. 아이가 가진 기질적 특성을 파악하고 우리가 딛고 있는 세상도 알며 지향하는 삶의 방향도 있어야, 양육의 방법과 목적도 세우고 그 길을 걸어갈 수 있을 것이다.

아이는 무척 예민했다. 24개월까지 통잠을 잔 적이 거의 없으며 조그만 소리에도 깼다. 밤에 아파트 주차장을 유모차로 돌거나 자동차 카시트에 앉아 드라이브하면 자다가, 집에 오면 울었다. 어쩌라고… 내가 울며 소리를 지를 수밖에 없었다.

아이는 여성성 기질이 많다고 해야 하나? 어린이집과 유치원, 초등 일이 학년까지 여자아이들과 많이 놀았다. 역할놀이를 좋아했고 잘 뛰고 놀지만 몸을 부딪치는 축구 같은 운동은 싫어했다. 남성성과 여성성이라 명명하는 것에 문제의식이 있고 성

별이 성격의 기준이 될 수 없다고 생각하므로, 아이에게 "남자애가 왜 그러니? 남자가 질질 짜기나 하고? 도대체 왜 그래?"라는 식의 말을 하지 않았다. 혹시라도 아이에게 그런 말을 하는 주변 사람이 있다면 정정해 주었다.

자신이 가진 기질을 인식하고 긍정하는 건 자존감의 바탕일 것이다. 사회의 고정 관념과 편견으로 아이를 제약하여 그 마음을 쪼그라트리고 싶지 않았다. 조심스러웠던 건 성역할에 관한 인식이다. 우리 집의 여건상 아빠는 밖에 나가서 생계 부양자로서 일을 하고 엄마는 집에서 가사와 돌봄 노동을 하고 있으니, 이를 남성과 여성의 고정적 성역할로 느낄까 싶었다. 이는 사회 구조와도 연결된 문제이기에 대화를 나눠야 하는 주제다. 특히 아이가 남성이므로 더욱.

양육의 목적은 자립이다. 아무것도 할 수 없으니 주 양육자가 모든 것을 해 줘야만 하는 시절에서 점점 하나씩 하나씩 아이가 할 수 있는 것이 늘어간다. 혼자 밥을 먹다가, 배변 활동을 하다가, 씻다가, 책을 읽다가, 공부하다가, …… 스스로 하는 것. 자신의 몸과 마음을 스스로 돌볼 줄 아는 사람으로 자랄 수 있도록 가르치면서 돕는 일이 바로 양육. 18년 동안 걸어온 길에서 아이를 바라보며 생각한다. 이제 나는 '너의 뒤에서 조금은 멀리 떨어져 조금도 부담스럽지 않게 이제 떠나는 길에 힘들고 지쳐 쓰러질 때'(박진영의 노래 가사) 쉴 수 있는 품이면 되겠다.

또한 교육의 목적은 시민이라고 생각한다. 사회의 일원으로서 그 나라 헌법에 따른 모든 권리와 의무를 지는 자유민, 민주공화국의 시민을 말한다. 아무거나 주워 들어 삼키는 사람이 아니라, 읽고 듣는 일에 분별하고 성찰하여 정의롭게 행동할 수 있는 사람.

　엄마로서의 길은 거의 끝난 것 같다. 엄마라는 이름은 끝맺음이 없겠지만 영향을 끼칠 수 있는 부분은 현저히 적어졌고, 그것이 마땅하다. 성인으로서 이제 자신의 길을 찾아가는 그를 응원한다. 인생이 고행이기에, 그 길은 절대 꽃길만이 아니며 돌무더기와 가시덤불이 가득할 때가 올지도 모른다. 어떠한 상황에 있든지 자신의 몸과 마음을 스스로 돌볼 수 있는 사람은 자신의 가치를 잃어버리지 않을 거다.

　좋아하고 잘하는 일을 찾아 삶의 만족과 보람을 얻을 수 있기를… 자유로운 개인이지만 타인을 배려할 줄 아는 공동체의 일원으로 살기를… 매일의 일상에서 기쁨과 즐거움을 찾아낼 수 있기를… 바라며,

양육은 이제 끝.

내가 바라는 것

불확실성과 함께 살아가고
의심도 편안히 받아들이며
독립과 의존의 사이에서,
균형과 조화를 찾아보자.

아빠가 찍어준 엄마와 아들

2010년 @ 성곡미술관 정원

함께 양육의 길을 걸어온
가장 친한 친구인 동반자에게,
고마워.
우리가 함께해서
우리도 같이 성장했으니
그렇게 사랑을 조금 배웠겠다고 생각해.

대치동 시스템 빼개기

입시가 아니라 공부를 목표로
어느 동네 엄마의 18년 양육 기록

펴낸날	초판 1쇄 2025년 10월 30일
	초판 2쇄 2025년 11월 13일
지은이	권혜란
디자인	권혜란
펴낸곳	사자출판
등록	제2025-000208호
주소	서울시 마포구 희우정로1길 48
이메일	betterstory@naver.com
ISBN	979-11-995227-9-4

© 사자출판, 2025. all rights reserved.
이 책의 판권은 사자출판에 있습니다.
책의 전부 또는 일부를 재사용하려면
반드시 서면 동의를 받아야 합니다.

책값은 뒤표지에 있습니다.
잘못된 책은 구입하신 서점에서 교환해드립니다.